JÜDISCHE FEIERTAGE

Auf der Umschlagseite vorn
Chanukka-Leuchter. Berlin 1912
(wie Abbildung S. 38)
Der hebräische Text ist Teil des Gebetes,
das beim Anzünden der Chanukka-Lichter gesprochen wird:
»Diese Lichter zünden wir an...«

Eine größere Anzahl von Exemplaren dieses Buches
wird auf Grund einer Spende aus der
Erbengemeinschaft Mosse
Berliner Schulen zur Verfügung gestellt.

Heinrich Simon

JÜDISCHE FEIERTAGE

Festtage im jüdischen Kalender

Reihe

JÜDISCHE MINIATUREN

Lebensbilder • Kunst • Architektur

Herausgegeben von Hermann Simon

HENTRICH & HENTRICH und CENTRUM JUDAICUM BERLIN

JÜDISCHE MINIATUREN
Lebensbilder • Kunst • Architektur
HENTRICH & HENTRICH und CENTRUM JUDAICUM BERLIN
Herausgegeben von Hermann Simon
Band 7 Jüdische Feiertage

Satz: Typecraft Fotosatz GmbH, Berlin
Lithos: Reprowerkstatt Rink, Berlin
Druck: Brandenburgische Universitätsdruckerei und
Verlagsgesellschaft Potsdam mbH

1. Auflage 2003
Printed in Germany
ISBN 3-933471-56-7

Inhalt

Torarolle mit Zeiger

Des Juden Katechismus ist sein Kalender.

Samson Raphael Hirsch (1808–1888)
in der Zeitschrift Jeschurun, Heft 1, 1854

Der jüdische Kalender

Die jüdischen Fest- und Gedenktage sind durch den Kalender festgelegt und fallen – abgesehen vom Sabbat – immer auf dieselben Daten. Der Kalender der Juden ist ein Mondkalender, der durch die Berücksichtigung des Sonnenstandes in einer solchen Weise korrigiert und ausgeglichen wird, daß die einzelnen Monate in jedem Jahr in die gleiche Jahreszeit fallen. Demgegenüber ist ein reines Mondjahr, wie es beispielsweise im Islam gebräuchlich ist, um elf Tage kürzer als das Sonnenjahr, so daß sich die Jahresanfänge laufend verschieben und in allen Jahreszeiten liegen können.

Der Mondmonat, d.h. die Zeit von einem Neumond bis zum nächsten, hat eine Länge von etwas mehr als 29 ½ Tagen. Die jüdischen Gelehrten der talmudischen Zeit haben seine genaue Dauer mit 29 Tagen, 12 Stunden, 44 Minuten und 3 ⅓ Sekunden angegeben; diese Bestimmung ist gegenüber den modernen Forschungsergebnissen um nur ⅓ Sekunde zu groß. Zwölf Mondmonate ergeben ein Jahr von 354 Tagen, das aus sechs Monaten von je 29 Tagen und sechs Monaten von je 30 Tagen besteht. Dieses Mondjahr wird in einem Zyklus von 19 Jahren mit dem Sonnenjahr ausgeglichen. Da 19 Sonnenjahre (= 228 Monate) fast genau 235 Mondmonaten entsprechen, wird im Verlauf dieser Periode siebenmal ein Monat von 30 Tagen eingeschaltet, so daß der jüdische Kalender dreizehnmonatige Schaltjahre besitzt, die im Normalfall je 384 Tage enthalten.

Diese Festlegungen komplizieren sich allerdings, weil es vorkommt, daß der Jahresbeginn nicht an dem Tag stattfindet, auf den er astronomisch fällt, sondern verschoben wird. Der wichtigste und häufigste dieser Fälle ist die aus kultischen Gründen getroffene Festlegung, daß der Neujahrstag nie auf einen Sonntag, Mittwoch oder Freitag fallen darf und daß dann, wenn sich astronomisch einer dieser Tage ergibt, der Jahresbeginn verschoben wird. Solche Vertagungen werden dann später wieder ausgeglichen. Das wird dadurch bewerkstelligt, daß zwei Monate des jüdischen Jahres je nach den kalendarischen Erfordernissen entweder 29 oder 30 Tage haben können. Auf diese Weise ergeben sich für den jüdischen Kalender insgesamt sechs Jahrestypen: das regelmäßige Gemeinjahr mit 354 Tagen, das überzählige Jahr, das 355 Tage enthält, und das mangelhafte Jahr, das 353 Tage zählt. Und ebenso gibt es Schaltjahre mit 383, 384 und 385 Tagen.

Die Monate pflegt man vom Frühjahr an zu zählen, während die Jahresrechnung mit dem siebenten Monat beginnt. Die Namen der Monate des jüdischen Kalenders sind:

1. Nissan (März-April)	30 Tage
2. Ijjar (April-Mai)	29 Tage
3. Siwan (Mai-Juni)	30 Tage
4. Tammus (Juni-Juli)	29 Tage
5. Aw (Juli-August)	30 Tage
6. Elul (August-September)	29 Tage
7. Tischri (September-Oktober)	30 Tage
8. Marcheschwan (Oktober-November)	29 bzw. 30 Tage

9. Kislew (November-Dezember)	30 bzw. 29 Tage
10. Tewet (Dezember-Januar)	29 Tage
11. Schwat (Januar-Februar)	30 Tage
12. Adar (Februar-März)	29 Tage

Im Schaltjahr wird zwischen Schwat und Adar ein Monat von 30 Tagen eingeschoben, der als Adar I bezeichnet wird, so daß der eigentliche Monat Adar nun Adar II heißt. Daher kommt es, daß alle Gedenktage, die in den Monat Adar fallen, im Schaltjahr im Adar II begangen werden.

Die Tage faßt der jüdische Kalender zu Wochen zusammen, und jede Woche besteht aus sieben Tagen. Sie tragen keine Namen, sondern werden mit Ordinalzahlen bezeichnet; nur der siebente Tag der Woche hat einen Namen: Er ist der Ruhetag, der Sabbat. Unterteilt ist der Tag in 24 Stunden, die von 6 Uhr abends gezählt werden. Der Tag beginnt also nicht wie bei uns um Mitternacht, sondern am Abend, und zwar rechnerisch um 6 Uhr, in Wirklichkeit aber bei Anbruch der Dunkelheit, sobald drei Sterne mit bloßem Auge sichtbar sind. Daher fangen Sabbat und Feiertage stets mit dem Vorabend an. Im Christentum hat sich diese Art der Tageseinteilung für Weihnachten erhalten: Es beginnt mit dem »Heiligen Abend«.

Die jüdische Jahreszählung nimmt die Schöpfung der Welt zum Ausgangspunkt, die im Jahre 3761 v.u.Z. stattgefunden haben soll. Zu diesem Ergebnis kam man auf Grund der in der Bibel enthaltenen Genealogien und Lebensjahre, die man bis auf Adam zurückrechnete.

Fest- und Gedenktage in systematischer Übersicht

Der jüdische Kalender enthält eine Anzahl von Tagen, die aus den gewöhnlichen herausragen und die sich als Fest- und Gedenktage zusammenfassen lassen. Unter ihnen kann man verschiedene Gruppen unterscheiden. Zunächst sind zu nennen Sabbat und Feiertage, ferner gibt es sogenannte Halbfeiertage und schließlich Gedenktage.

Der wichtigste Feiertag ist der Sabbat, der wöchentliche Ruhetag. Die übrigen Feiertage teilt man in zwei Gruppen:

a) die ernsten Festtage,
b) die freudigen Festtage.

Die erste Gruppe besteht aus zwei Festen:

1. dem Neujahrsfest (Rosch ha-Schana) am 1. und 2. Tischri,
2. dem Versöhnungstag (Jom Kippur) am 10. Tischri.

Die zweite Gruppe setzt sich aus den drei sogenannten Wallfahrtsfesten zusammen. Es sind dies:

1. Pessach (bei Luther Passah) vom 15.–22. Nissan,
2. Schawuot (Wochenfest) am 6. und 7. Siwan,
3. Sukkot (Laubhüttenfest) vom 15.–23. Tischri.
   Die beiden letzten Tage gelten als selbständiges Fest, das Schemini Azeret (Schlußfest) genannt wird; sein zweiter Tag wird als Simchat Tora (Torafreudenfest) bezeichnet.

Neben diesen eigentlichen Feiertagen existieren noch Halbfeiertage und Gedenktage; die Gedenktage teilt man in freudige und traurige (Fasttage) ein.

Die Halbfeiertage bestehen aus
a) dem Neumondstag,
b) den Mitteltagen von Pessach und Sukkot.

Nur jeweils die beiden ersten und die beiden letzten Tage dieser Feste sind eigentliche Feiertage, während die dazwischenliegenden Tage als Halbfeiertage gelten. Es sei hinzugefügt, daß das Gesagte nicht für das Land Israel gilt; dort gibt es am Anfang und am Ende von Pessach und Sukkot jeweils nur einen Feiertag, so daß bereits der zweite Tag nur Halbfeiertag ist. Ebenso entfällt der zweite Tag des Wochenfestes.

Unter den freudigen Gedenktagen sind die wichtigsten:
a) Chanukka (Fest der Tempelweihe), acht Tage vom 25. Kislew an,
b) Purim (Losfest) am 14. Adar,
c) der 15. Schwat (Neujahrsfest der Bäume),
d) Lag ba-Omer (der 33. Tag der Omerzählung zwischen Pessach und Schawuot) am 18. Ijjar.

Der traurigen Gedenktage sind insgesamt fünf, von denen vier mit der Belagerung und der Zerstörung des Tempels verbunden sind, nämlich
a) der 3. Tischri,
b) der 10. Tewet,
c) der 17. Tammus und
d) der 9. Aw;

dazu kommt noch der Tag unmittelbar vor Purim, der 13. Adar, das sogenannte Fasten Ester.

Für den Sabbat gilt ein allgemeines Werkverbot. Von den Feiertagen ist nur der Versöhnungstag in dieser Hinsicht dem Sabbat gleichgestellt, während an den übrigen Feiertagen das Arbeitsverbot weniger umfassend ist. Was die Halbfeiertage betrifft, so gibt es für die Mitteltage der beiden Wallfahrtsfeste Pessach und Sukkot gewisse Arbeitseinschränkungen; hingegen stellen die Neumondstage Arbeitstage dar. An den Gedenktagen, sowohl den freudigen als auch den traurigen, darf man jede Arbeit verrichten.

Der jüdische Gottesdienst

Ein Gemeindegottesdienst erfordert die Anwesenheit von mindestens zehn im religiösen Sinne volljährigen männlichen Personen. Die Volljährigkeit tritt mit der Vollendung des 13. Lebensjahres ein. Beim Gebet fungiert ein Mitglied der Betergemeinschaft als »Abgesandter der Gemeinde«. Dieser stellt sich vor den an der Ostwand des Raumes befindlichen Schrank, der die Torarollen enthält, und spricht gewisse Gebete laut, jedoch sind alle Anwesenden verpflichtet, die Gebete gleichfalls zu sagen. Die Gebetsrichtung, in der auch meist die Sitzplätze im Raum angeordnet sind, ist gegen Jerusalem, d.h. nach Osten. Die Aufgabe des Abgesandten der Gemeinde kann jeder übernehmen, sofern er die erforderlichen Kenntnisse besitzt. Meist aber hat ein speziell ausgebildeter Mann diese Funktion, der als Kantor oder Vorbeter bezeichnet wird und von der Kultusgemeinde dafür angestellt ist. Der Kantor hat keinen priesterlichen Rang; er betet mit der Gemeinde, aber nicht für sie. Ein Rabbiner hat innerhalb des Gebets keine spezifischen Aufgaben. Er ist auf Grund seiner Ausbildung ein Kenner des jüdischen Gesetzes und hat daher vor allem Rechtsentscheidungen zu fällen. Allerdings ist es weitgehend üblich geworden, daß Rabbiner auch predigen, doch ist eine Predigt für den Gottesdienst nicht erforderlich und stellt auch keinen Teil des Gebets dar. Trotzdem geht die Predigt auf alte Traditionen zurück: Bereits im Altertum war in der Synagoge die Schriftauslegung durch Gelehrte durchaus üblich.

Eine Betergemeinschaft ist eine Versammlung von Gleichberechtigten; es gibt keine Mittler zwischen Gott und den einzelnen Menschen.

Der jüdische Gottesdienst kennt drei ständige Gebetszeiten: das Morgengebet, das Nachmittags- und das Abendgebet. Am Sabbat, Feiertag und an den Halbfeiertagen schließt sich dem Morgengebet noch das Zusatzgebet an, da an diesen Tagen im Tempel ein zusätzliches Opfer neben dem ständig morgens und nachmittags stattfindenden dargebracht wurde. Das Nachmittagsgebet, das in der Zeit von frühestens 12.30 Uhr bis Sonnenuntergang gesagt werden kann, wird häufig, besonders vor Sabbat und Festtagen, mit dem Abendgebet vereinigt, das man dann auch etwas früher beginnen darf als zu dem Zeitpunkt, an dem drei Sterne sichtbar sind. Der Kern der Gebete zu den verschiedenen Tageszeiten ist im wesentlichen immer und überall gleich. Im Mittelpunkt jedes Gebets steht ein Stück, das als »Achtzehngebet« (Schmone Eßre = hebr. »achtzehn«) bezeichnet und stehend verrichtet wird. Der Name kommt daher, daß es ursprünglich aus

Torakrone, ca. 1960, Synagoge Pestalozzistraße, gespendet von dem Ehepaar Berta und Nathan Frenkel zur Erinnerung an ermordete Familienangehörige.

achtzehn verschiedenen Segenssprüchen bestanden hat. An Werktagen hat dieser zentrale Teil heute 19 Segenssprüche, an Sabbat und Festtagen 7, im Zusatzgebet für das Neujahrsfest 9; trotzdem wird es in allen Fällen Achtzehngebet – oder auch Tefilla (Gebet) – genannt. Die ersten drei und die letzten drei Segenssprüche sind in allen Fällen identisch.

Vor dem Achtzehngebet findet sich im Morgen- und Abendgebet ständig das sogenannte Schma, das Bekenntnis der göttlichen Einheit (»Höre Israel, der Ewige ist unser Gott, der Ewige ist einzig«, 5. Buch Mosis VI, 4). An diesen Vers schließen sich dann die Verse 5–9, 5. Buch Mosis XI, 13–21 und 4. Buch Mosis XV, 37–41.

Den Mittelpunkt jedes Sabbatgottesdienstes stellt die Vorlesung aus der Tora dar, die sich dem Morgengebet anschließt. Die Tora, das sind die fünf Bücher Mosis, ist für den kultischen Gebrauch auf eine Pergamentrolle mit der Hand geschrieben. Die Torarolle entspricht in ihrer Form dem antiken Buch. Der gesamte Text ist in 54 Abschnitte geteilt. Jeden Sabbat wird ein Abschnitt gelesen, so daß im Verlauf eines Jahres der Lesezyklus abgeschlossen und dann von neuem begonnen wird.

Nicht nur am Sabbat Vormittag findet eine Toravorlesung statt, sondern auch am Sonnabendnachmittag, am Montag- und am Donnerstagvormittag, und zwar wird dann der erste Teil des nächsten Wochenabschnitts gelesen, der am folgenden Sabbat vollständig vorgetragen wird. Für die Feiertage und Halbfeiertage gibt es eigene, thematisch zu dem betreffenden Tag passende Texte aus dem Pentateuch. Auch an den Trauertagen sowie zu Chanukka und Purim wird aus der Tora gelesen.

An die Toravorlesung schließt sich am Sabbat, an Feiertagen und an Fasttagen die Vorlesung eines Textes aus den prophetischen Büchern an, der jeweils aus einem inhaltlich geeigneten, zum Toratext passenden Abschnitt besteht.

Zur Verlesung der Tora werden einzelne Mitglieder der Betergemeinschaft aufgerufen, um jeweils einen Teilabschnitt des Textes vorzutragen oder wenigstens die Segenssprüche zu sagen, die vor und nach der Lesung gesprochen werden. Am Sabbatvormittag werden mindestens sieben Personen zur Tora gerufen, für die verschiedenen Feiertage bestehen andere Festlegungen.

Es gibt noch einige weitere Stücke, die zum festen Bestand jedes jüdischen Gottesdienstes gehören, doch abgesehen von diesem Kern gibt es Teile – vor allem poetische Einschaltungen –, die variieren. Im Laufe der Zeit haben sich hier unterschiedliche Bräuche herausgebildet, so daß eine Anzahl differierender Riten existiert. Die wichtigsten dieser Riten sind der spanische (sefardische) und der deutsche Ritus. Dieser ist in den rheinischen (aschkenasischen) und den polnischen Ritus unterteilt. Als ungefähre Grenze zwischen beiden Varianten des deutschen Ritus gilt die Elbe. Zum polnischen Ritus gehören neben den ostelbischen deutschen Gebieten auch Österreich, Tschechien, Slowakei, Ungarn, Polen, die baltischen Staaten, Rußland, Ukraine, Weißrußland und Rumänien. Diese Trennung des deutschen Ritus in zwei Gruppen vollzog sich im Mittelalter infolge der Judenverfolgungen in Deutschland, die zu einer Migration nach Osten führten. Durch spätere Wanderungen aus Osteuropa ist der polnische Ritus allerdings auch in einige westeuropäische Länder gelangt und ebenso nach Nordamerika und nach Israel.

Innerhalb der Riten gibt es viele Besonderheiten an einzelnen Orten und in einzelnen Gemeinden. Das betrifft sowohl den synagogalen Gottesdienst als auch Bräuche, die in den Familien gepflegt werden. Wir beschränken uns auf den hierzulande geltenden polnischen Ritus und speziell auf dasjenige, was zur Berliner Tradition gehört oder hier wenigstens bekannt ist. Dabei ist noch zu bemerken, daß die Üblichkeiten des gesetzestreuen Judentums zugrundegelegt werden. Reformen des 19. Jahrhunderts haben manche kultischen Üblichkeiten als antiquiert beseitigt, doch auch innerhalb der Kreise, die an der Tradition uneingeschränkt festhalten, ist zu unterscheiden zwischen dem, was religionsgesetzlich geboten ist, und Bräuchen, die man nicht unbedingt beachten muß. Erwähnt werden soll noch, daß der Chassidismus in Osteuropa, um sich von seinen Gegnern abzugrenzen, den spanischen Ritus übernommen hat, so daß das Gebetbuch der Chassidim von dem sonst in Osteuropa benutzten abweicht und auch viele Bräuche, wie sie oft in ostjüdischer Belletristik dargestellt werden, außerhalb chassidischer Kreise unüblich oder gar unbekannt sind.

Das Gebet verrichtet man mit einer Kopfbedeckung. Das Verhüllen bzw. Bedecken des Hauptes als Zeichen der Ehrfurcht ist eine legitime Möglichkeit, die bei vielen Völkern – nicht nur bei den Juden, sondern auch bei Babyloniern, Römern und Arabern – praktiziert wurde; die abendländisch-christliche Sitte der Entblößung des Kopfes aus eben diesem Grunde ist ein anderes Symbol für dieselbe Gesinnung. Wenngleich weder in biblischer noch in talmudischer Zeit das Bedecken des Hauptes beim Gebet vorgeschrieben ist, hat sich diese Sitte im Laufe der Zeit so verfestigt, daß sie obligatorisch wurde und man eigentlich nie entblößten Hauptes sein soll. Darum tragen gesetzestreue Juden immer eine Kopfbedeckung.

Zum morgendlichen Gebet bekleidet sich der erwachsene männliche Beter mit dem Gebetmantel, dem Tallit, einem großen viereckigen Tuch aus Wolle oder Seide, an dessen Ecken sich Schaufäden befinden, mit denen nach biblischer Vorschrift ein Obergewand versehen sein muß. Der Tallit ist also ursprünglich eine regelmäßig getragenes Kleidungsstück, dient heute jedoch nur noch kultischen Zwecken. Man trägt den Tallit zum Morgengebet, an Sabbat und Festtagen auch beim Zusatzgebet. Nur am Versöhnungstag wird er zu allen Gebeten angelegt. Man legt auch einen Tallit an, wenn man mit der Torarolle in Berührung kommt, was an manchen Tagen während des Nachmittagsgottesdienstes der Fall sein kann. Der Vorbeter trägt beim Gemeindegottesdienst auf Grund seiner Funktion den Tallit ständig zu allen Gebetszeiten.

Für das werktägliche Morgengebet werden außerdem Gebetriemen (Tefillin) benutzt, die an den linken Arm und um den Kopf gelegt werden. An diesen Riemen befindet sich je eine Kapsel, die einige auf Pergament geschriebene Bibelverse enthält. Das Anlegen der Tefillin ist ein Symbol dafür, daß der Mensch sich mit seinem Denken, Fühlen und Wollen in den Dienst Gottes zu stellen hat. Auch diese Verpflichtung betrifft nur die im religiösen Sinne volljährigen, also mindestens 13 Jahre alten männlichen Personen. Tefillin werden nur an Werktagen angelegt, da diese Tätigkeit als Arbeit angesehen wird; die Zeremonie entfällt darum an allen Tagen, an denen Arbeit verboten ist.

Der Sabbat

Der Sabbat ist der eigentliche und im Grunde höchste Feiertag. Die Einführung eines allgemeinen Ruhetages nach jeweils sechs Werktagen stellt eine große soziale Errungenschaft dar, die durch das Judentum geschaffen wurde. Regelmäßige Ruhetage waren sonst in der Antike unbekannt. Im Pentateuch ist gesagt, daß am siebenten Tag keinerlei Arbeit verrichtet werden darf und daß diese Verfügung auch die Knechte, die Fremden und das Vieh betrifft.

Während man werktags die vorgeschriebenen Gebete auch zu Hause verrichten darf, muß man am Sabbat die Synagoge aufsuchen. Eingeleitet wird der Gottesdienst des Sabbatbeginns am Freitagabend mit einer Begrüßung des Sabbats durch eine Reihe von Psalmen und ein Lied, das den Sabbat als Braut, Israel als Bräutigam personifiziert. Eine derartige Begrüßungszeremonie gibt es nur für den Sabbat, nicht aber für Feiertage. Zum Abschluß des Gottesdienstes wird in der Regel »Kiddusch gemacht«, d.h. ein Segen über einen Becher Wein vom Vorbeter gesprochen.

Für die häusliche Sabbatfeier am Freitagabend hat die Hausfrau einen Teller mit zwei Broten auf den Tisch gestellt, die sie mit einem Tuch zugedeckt hat. Sie hat ferner einen Becher mit Wein bereitgestellt und die Sabbatlichter angezündet – natürlich vorher, solange noch Werktag ist, denn das Anzünden von Licht ist eine am Sabbat verbotene Tätigkeit. Man kann zu Ehren des Sabbat beliebig viele Lichter anzünden, mindestens aber müssen es zwei sein. Üblich ist es heute, zwei Kerzen anzuzünden.

Sabbatleuchter, Ende 19. Jh.

Vor dem Abendessen wird vom Hausherrn Kiddusch gemacht. Er trinkt dann von dem Wein und gibt auch allen Anwesenden davon. Anschließend folgt der Segen über das Brot. Es werden zwei geflochtene Weißbrote verwendet, die im deutschen Sprachraum häufig Barches genannt werden. Hebräisch heißt dieses Brot Challa, im Jiddischen Challe, ein Ausdruck, der auch hierzulande oft benutzt wird. Es werden am Sabbat – und ebenso auch an Feiertagen – immer zwei Barches verwendet zur Erinnerung an die doppelte Ration Manna, die, wie die Bibel berichtet, während der Wüstenwanderung der Israeliten nach ihrem Auszug aus Ägypten am Freitag vom Himmel kam, so daß die Nahrung für den Sabbat im voraus eingesammelt werden konnte. Jeder an der Mahlzeit Teilnehmende bekommt ein Stück Brot, und zwar mindestens in der Größe einer Olive, und spricht den Segensspruch.

Nach dem Abendessen folgt das Tischgebet, das natürlich auch sonst gesagt wird. Das Tischgebet ist kein Bittgebet, sondern ein Dankgebet, und darum erfolgt es nach dem Abschluß der Mahlzeit.

Für den Sabbat sind drei Mahlzeiten obligatorisch: abends, morgens und nachmittags. Die Morgenmahlzeit soll erst nach dem Gottesdienst eingenommen werden. Sie fällt daher in die Zeit des späten Vormittags, denn der Vormittagsgottesdienst, bestehend aus dem Morgengebet mit Tora- und Prophetenvorlesung und dem Zusatzgebet, ist relativ lang. Auch für diese Mahlzeit gibt es als Einleitung einen Kiddusch und einen Segensspruch über Brot, wofür wieder zwei Brote nötig sind.

Nachdem der Sabbat beendet ist, also nach Einbruch der Nacht, wird sowohl in der Synagoge zum Abschluß des werktäglichen

Abendgebets als auch zu Hause die Zeremonie der Hawdala (Unterscheidung) durchgeführt, die Trennung zwischen Feiertag und Werktag, zwischen Heiligem und Profanem. Die Hawdala besteht aus drei Segenssprüchen: über Wein, über Wohlgerüche und über Licht. Es wird dazu eine geflochtene Kerze mit mehreren Dochten angezündet. Als Wohlgerüche dienen Gewürze, meist Nelken und Zimt, die in einer Büchse aufbewahrt werden. Meist sind solche Gewürzbüchsen aus Metall, besonders aus Silber. Eine bestimmte Form ist für die Büchse nicht vorgeschrieben, und es gibt daher eine große Mannigfaltigkeit der Typen. Anstelle des Weines kann man für die Hawdala auch andere Getränke, besonders Schnaps, nehmen. Man pflegt das Glas so reichlich zu füllen, daß etwas auf einen Untersatz überläuft, und löscht die Flamme nach dem Abschluß der Zeremonie in dieser Flüssigkeit.

Der Neumondstag

Die Wiederkehr des Mondes, der Monatsbeginn, gilt als ein freudiges Ereignis, dessen im Gottesdienst gedacht wird. So findet an diesem Tage eine Toravorlesung statt, für die immer derselbe Abschnitt vorgesehen ist, allerdings keine Vorlesung aus den prophetischen Büchern. Ferner wird – wie an Feiertagen – das Zusatzgebet gesprochen. Nach der Einführung eines festen Kalenders um die Mitte des 4. Jahrhunderts u. Z. ging die Bedeutung dieses Tages zurück, so daß der Neumondstag zwar kultische Besonderheiten aufweist, aber im übrigen ein Werktag ist.

Man zählt vom Neumondstag insgesamt dreißig Tage bis zum nächsten; das bedeutet aber, daß wir nur in mangelhaften Monaten mit 29 Tagen auf diese Weise auf den nächsten Monatsersten kommen, der dann der folgende Neumond ist. Bei dreißigtägigen, also vollzähligen Monaten gelangen wir hingegen zum dreißigsten Tag des laufenden Monats. In einem solchen Fall gelten sowohl der dreißigste Tag des Monats als auch der erste des folgenden als Neumond; es werden also nach vollzähligen Monaten zwei Neumondstage in gleicher Weise begangen, wenngleich als eigentlicher Neumondstag der Monatserste angesehen wird.
Es gibt auch einen Mondsegen, der im Freien bei Mondschein gesprochen wird. Die Zeremonie wird frühestens nach Ablauf von drei Tagen seit dem astronomischen Neumond durchgeführt und zwar nur an Werktagen; der spätestmögliche Termin ist die Monatsmitte.

Die Fest- und Gedenktage im Verlauf des Jahres

Wenn wir diejenigen Tage, die sich – abgesehen von Sabbaten und Neumondstagen – als besondere herausheben, fortlaufend durch das Jahr betrachten wollen, dann erhebt sich die Frage, an welchem Punkt wir anfangen sollen. Die Jahreszählung beginnt zwar im Herbst, aber der erste Monat des neuen Jahres gilt als der siebente Monat in der Zählung der Monate, und so wird er auch in der Bibel genannt. Obwohl man bei der Betrachtung der Festtage mit dem ersten Monat (Nissan) anfangen kann, beginnen wir mit dem Tischri, so daß nicht nur die wichtigsten Feiertage am Anfang der Betrachtung stehen, sondern sich auch eine Übereinstimmung mit der Zählung der Jahre ergibt. Man muß in jedem Falle natürlich berücksichtigen, daß die Zeit kontinuierlich verläuft. Daher ist jeder Einschnitt künstlich und zerreißt Zusammengehöriges.

Das Neujahrsfest (Rosch ha-Schana)

Am 1. und 2. Tischri wird das Neujahrsfest begangen, das ein Feiertag mit ernster Bedeutung ist. Der Name Neujahr (Rosch ha-Schana) kommt in der Bibel nicht vor, und auch in den Gebeten dieses Festes ist kaum davon die Rede. Im Festsegen – und auch sonst – wird vom »Tag der Erinnerung« oder »Tag des Posaunenschalls« gesprochen.

Der Sinn des Neujahrsfestes liegt in der Erinnerung an den Bund, der zwischen Gott und Israel geschlossen wurde und der für die Israeliten eine sittliche Forderung und Verpflichtung darstellt. Der Tag soll dazu dienen, die Menschen zu veranlassen, in sich zu gehen, sich vom Bösen abzuwenden und gut zu handeln. Rosch ha-Schana ist der Tag, an dem der Mensch Rechenschaft über sein Tun ablegen und sich seiner moralischen Pflichten bewußt werden soll. Im Talmud findet sich die Vorstellung, daß an diesem Tage Gott über den Menschen zu Gericht sitzt und sein Urteil fällt. Das aufrichtige Bemühen des Menschen, sich zu bessern, seine sittlichen Pflichten zu erfüllen, sich des Bundes mit Gott zu erinnern, wird auch Gott seinerseits veranlassen, dieses

Vertrages zu gedenken und dem Menschen ein glückliches Leben zu gewähren. Mit dieser Vorstellung hängt auch der traditionelle Neujahrswunsch »Zu einem guten Jahr mögest du eingeschrieben sein« zusammen.

Als äußeres Mittel, den Menschen an seine moralischen Pflichten zu erinnern, dient die Posaune, der Schofar. Das ist ein Widderhorn, das im Morgengottesdienst nach der Tora- und Prophetenlesung sowie an mehreren Stellen des Zusatzgebets in festgelegten Tonfolgen geblasen wird (außer wenn der Festtag auf einen Sabbat fällt).

In vielen Gemeinden ist es Brauch, den Betraum für den Neujahrsgottesdienst besonders feierlich auszugestalten. Um die Erhabenheit des Tages zu betonen, pflegt in der Synagoge die weiße Farbe vorzuherrschen. Der Vorhang vor dem Toraschrank, die Decke auf dem Vorbeterpult und die Kleidung des Vorbeters sind weiß, im Gegensatz zu dem sonst Üblichen. Einer der Höhepunkte des Gottesdienstes besteht darin, daß sich die Gemeinde an diesem Tage während des Zusatzgebets zu Boden wirft; das wird nur am Neujahrsfest und am Versöhnungstag getan.

Rosch ha-Schana wird überall zwei Tage gefeiert, auch im Land Israel, wo bei den übrigen Festen die zweiten Tage entfallen. Der Kultus ist im wesentlichen an beiden Tagen identisch. Unterschiede gibt es nur in der Toravorlesung und der Verlesung der Prophetentexte sowie hinsichtlich der speziell für Rosch ha-Schana bestimmten poetischen Einschaltungen, wo aus dem reichen Schatz dieser Literatur unterschiedliche Stücke für beide Tage ausgewählt wurden.

Die häusliche Feier des Neujahrstages besteht darin, daß dem Kiddusch und dem Segensspruch über das Brot noch ein Segen über Baumfrüchte angefügt wird. Man nimmt dazu einen Apfel, den man vor dem Verzehr mit Honig bestreicht, wobei man dem Wunsch Ausdruck verleiht, das neue Jahr möge gut und süß werden. Die Brote für das Neujahrsfest sind nicht wie sonst geflochten und länglich, sondern es ist üblich, rund gewickelte Weißbrote zu verwenden, um auf diese Weise den Jahreskreislauf zu symbolisieren.

Es gibt den Brauch, am Nachmittag des ersten Neujahrstages nach dem Gebet an ein fließendes Gewässer zu gehen, um dort eine Zeremonie vorzunehmen, die Taschlich genannt wird. Dabei wird eine Prophetenstelle zitiert, in der es heißt: »...und wirf (taschlich) in die Meerestiefen all ihre Sünden.« Dabei kehrt man die Taschen nach außen, um auf diese Weise das Fortwerfen der Sünden zu symbolisieren. Solange man sich der Tatsache des bloßen Symbolcharakters solchen Tuns bewußt bleibt, kann ein derartiger Brauch zweckdienlich sein. – Fällt der erste Tag Rosch ha-Schana auf einen Sabbat, wird die Taschlich-Zeremonie auf den zweiten Feiertag verschoben.

Zwischen Neujahr und Versöhnungstag

Der Tag nach Rosch ha-Schana, der 3. Tischri, ist ein Fasttag, das sogenannte Fasten Gedalja. Dieser traurige Gedenktag ist mit der Eroberung des Reiches Juda durch die Babylonier verknüpft. Nachdem der Tempel durch Nebukadnezar im Jahre 586 v.u.Z. zerstört und ein Großteil der Bevölkerung vertrieben worden war, wurde über die in Juda Verbliebenen Gedalja als Statthalter eingesetzt. Nach einiger Zeit fiel er einem politischen Mord zum Opfer, und diese Tat führte dazu, daß auch der Rest der jüdischen Bevölkerung das Land verlassen mußte.
Das Ritual dieses Tages ist das für Fasttage allgemein übliche; nur für den 9. Aw bestehen andere Regelungen. Das Fasten dauert von Sonnenaufgang bis zum Eintritt der Nacht. Im Morgen- und Nachmittagsgebet wird aus der Tora gelesen, für den Nachmittagsgottesdienst gibt es auch einen Prophetenabschnitt. Die Lesungen sind an allen Fasttagen – abgesehen vom 9. Aw – dieselben. Wenn der 3. Tischri auf einen Sabbat fällt, wird der Fasttag auf den Sonntag verlegt.
Die gesamte Periode von Rosch ha-Schana bis zum Versöhnungstag wird als »die zehn Bußtage« bezeichnet; in dieser Zeit werden besondere Bußgebete eingeschaltet. Der Sabbat zwischen den beiden Feiertagen wird »Sabbat der Umkehr« genannt. An ihm hält üblicherweise der Rabbiner eine Bußpredigt, auch dort, wo sonst das Predigen nicht seine Aufgabe ist.

Der Versöhnungstag (Jom Kippur)

Den Höhepunkt der zehn Bußtage bildet der Versöhnungstag, der wichtigste Festtag des jüdischen Jahres. An ihm wird nach talmudischer Tradition das Urteil über den Menschen, das am Neujahrsfest, dem Tag des Gerichts, gefällt wurde, besiegelt und bekommt damit Gültigkeit. Der Versöhnungstag soll dazu dienen, den Menschen zu entsühnen, ihn die göttliche Verzeihung für seine Missetaten erlangen zu lassen. So ist der Versöhnungstag ein Tag der Reue, der Buße und der Umkehr.

Dieser Tag ist ein strenger Fasttag, und zwar vom Beginn des Festes am Abend bis zu seinem Ausgang am nächsten Abend. Weder Essen noch Trinken sind erlaubt; auch Körperpflege, mit Ausnahme des Benetzens der Hände und Augen mit Wasser, ist untersagt. Bevor man sich am Vorabend des Festes in die Synagoge begibt, entzündet man zu Hause ein Licht zum Andenken an seine verstorbenen Angehörigen, das 24 Stunden brennen soll. Manche pflegen auch eine Kerze im Vorraum der Synagoge aufzustellen. Es ist allgemein üblich, daß der Vorhang vor dem Toraschrank und die Decke auf dem Vorbeterpult weiß sind; auch die Torarollen befinden sich in weißen Hüllen. Die Betenden pflegen weiße Kleidung und eine weiße Kopfbedeckung zu tragen.

Der Abendgottesdienst, der noch bei Tageslicht beginnt, wird nach den Anfangsworten der ihn einleitenden Formel Kol Nidre (alle Gelübde) genannt. Dieser Text besteht in einer Erklärung, daß alle Gelübde und Schwüre null und nichtig sein sollen. Es

Kol Nidre
Bronze-Plastik von Hochmann

handelt sich hier um Versprechungen, die der Mensch vorschnell Gott gegenüber abgegeben hat, nicht um juristische Verpflichtungen gegenüber anderen Menschen; solche Eide und Schwüre werden durch den Versöhnungstag nicht außer Kraft gesetzt.

Am Versöhnungstag dauert der Gottesdienst den ganzen Tag. Zu dem Morgengebet, dem festtäglichen Zusatzgebet und dem Nachmittagsgebet kommt noch ein nur an diesem Tage übliches Schlußgebet, an das sich dann nach Einbruch der Nacht das werktägliche Abendgebet und die Hawdala anschließen. Durch die Einschaltung einer Vielzahl poetischer, nur für diesen Tag bestimmter Stücke wird erreicht, daß die Zeit ausgefüllt wird, so daß man ohne Pausen von einer Gebetszeit zur anderen übergehen kann.

An Besonderheiten des Kultus ist zunächst ein ausführliches Sündenbekenntnis zu nennen, das der Tefilla angefügt wird. – Am Ende des Morgengebetes, nach der Tora- und Prophetenlesung, gedenkt man in einer Zeremonie, die Seelenfeier genannt wird, seiner verstorbenen Angehörigen. Seelenfeiern finden im polnischen Ritus nicht nur am Versöhnungstage statt, sondern auch an den Wallfahrtsfesten, und zwar am achten Tag Pessach, am zweiten Tag Schawuot und am Schlußfest, dem achten Tag des Laubhüttenfestes.

Der Höhepunkt des Zusatzgebetes ist eine ausführliche Beschreibung des Entsühnungsrituals, das der Hohepriester im Jerusalemer Tempel vornahm. Dabei wirft sich die Gemeinde mehrmals aufs Knie.

Das Nachmittagsgebet beginnt mit einer Toravorlesung; als Prophetentext wird das ganze Buch Jona vorgetragen, weil einer

seiner wesentlichen Gedanken darin besteht, daß die Bewohner der Stadt Ninive durch Buße den ihnen prophezeiten Untergang abwenden konnten. – Auf das Nachmittagsgebet folgt als Abschluß das Ne'ilagebet. Ne'ila heißt Schließung und bezieht sich auf die Schließung der Tempeltore, die mit einer Zeremonie nach dem Nachmittagsopfer vorgenommen wurde. Vielfach deutet man Ne'ila auch als die Schließung der Himmelstore, als den Zeitpunkt der letzten Chance, die göttliche Vergebung zu erlangen, und der Mensch bittet darum, daß ihm ein günstiges Geschick für das Jahr besiegelt werden möge. Das Gebet endet mit der Bekräftigung der göttlichen Einheit und schließt mit einem Schofarton.
Der Versöhnungstag ist damit zu seinem Ende gekommen, nicht aber der Gottesdienst, denn unmittelbar an das Ne'ilagebet, das zeitlich so kalkuliert werden muß, daß sein Abschluß mit dem Tagesende zusammenfällt, schließen sich das werktägliche Abendgebet und die Hawdala, der Unterscheidungssegen zwischen dem Heiligen und dem Profanen. Im Anschluß an den Gottesdienst pflegt dann noch der Mondsegen im Freien stattzufinden, der im Tischri mindestens bis zu diesem Termin verschoben wird. Vielfach ist es Sitte, noch an diesem Abend mit den Vorbereitungen für den Bau der Hütte zum bevorstehenden Laubhüttenfest zu beginnen.
Die Mahlzeit, die man nach dem langen Fasten einnimmt, wird als »Anbeißen« bezeichnet; sie trägt einen festlichen Charakter, und man wünscht sich gegenseitig ein gutes Jahr und eine gute Besiegelung.

Sukkot

Am 15. Tischri beginnt das Laubhüttenfest (Sukkot), das dritte in der Reihe der Wallfahrtsfeste. Es dauert neun bzw. sieben Tage, da der achte Tag, das sogenannte Schlußfest (Schemini Azeret), als selbständiger Feiertag angesehen wird; der neunte Tag, der Torafreudenfest (Simchat Tora) heißt, ist der zweite Tag dieses Schlußfestes, der nur in der Diaspora begangen wird.
Als »die drei Wallfahrtsfeste« werden Pessach, Schawuot und Sukkot zusammengefaßt, weil zur Zeit des Bestehens des Tempels die gesamte männliche Bevölkerung des Landes verpflichtet war, an diesen Festtagen nach Jerusalem zu ziehen und dort jeweils bestimmte Opfer darzubringen. Alle Wallfahrtsfeste haben eine doppelte Bedeutung: Sie sind sowohl auf die Natur als auch auf die Gesellschaft bezogen, sind einerseits Erntefeste, andererseits von religiös-historischem Charakter.
Sukkot ist das »Fest des Einsammelns«, ein Dankfest für das Einbringen der Ernte, vor allem der Obst- und Weinernte; zugleich erinnert Sukkot an die Wüstenwanderung der Israeliten nach ihrem Auszug aus Ägypten und an das Wohnen in unfesten Hütten während dieser Periode. Die doppelte Bedeutung des Festes symbolisiert einerseits der Feststrauß, der am Vormittag im Gottesdienst verwendet wird, andererseits das Gebot, während dieser Tage in einer Hütte (Sukka) zu wohnen.
Der Feststrauß (Lulaw) besteht aus einem Zweig der Dattelpalme, drei Myrten- und zwei Bachweidenzweigen, die zu einem Gebinde vereinigt sind, sowie aus einer Zitrusfrucht, dem Etrog, einer Zitronenart. Diese »vier Arten« werden nach der Tefilla des

Morgengebets in die Hand genommen – außer am Sabbat – und insgesamt neunmal in einer festgelegten Art und Weise geschüttelt: nach Osten, Süden, Westen, Norden, nach oben und nach unten. Das erfolgt vor und während der Rezitation der Psalmen 113–118, des »Hallel«. Diese Psalmen bilden einen charakteristischen Bestandteil des Morgengebets an allen Wallfahrtsfesten, an Chanukka sowie an den Neumondstagen. Nach dem Zusatzgebet wird der Feststrauß noch einmal in die Hand genommen, eine Torarolle wird auf das Vorlesepult gelegt, und die Gemeinde umkreist die Vorlesebühne (hebr.: Bima), wobei spezielle liturgische Gedichte rezitiert werden.
Der erste und der zweite Tag Sukkot sind Feiertage, die darauffolgenden Tage (3.–7. Tag) Halbfeiertage. Der siebente Tag hat allerdings eine besondere religiöse Bedeutung und führt einen eigenen Namen: Hoschana rabba. Dieser Tag gilt als Gerichtstag über das Wasser, als der Tag, an dem von Gott über den lebenspendenden Regen beschlossen wird, der ja im Vorderen Orient nur während des Winterhalbjahres fällt. An Hoschana rabba werden nach dem Zusatzgebet sämtliche vorhandenen Torarollen auf das Vorlesepult gelegt, und es finden sieben Umzüge mit dem Feststrauß statt. Im Anschluß daran nimmt man ein aus fünf Ruten bestehendes Bachweidenbündel und schlägt damit auf den Boden, daß die Blätter abfallen. Das mag Ausdruck der Festesfreude sein oder im Zusammenhang mit den unmittelbar vorher rezitierten Bitten um Regen stehen; jedenfalls geht der Brauch auf die biblische Zeit zurück. Er wurde für so wichtig erachtet, daß er unbedingt ausgeübt werden mußte. Das Abschlagen der Weidenblätter ist eine Arbeit und kann daher am Sabbat nicht

erfolgen. Aus diesem Grunde darf Hoschana rabba, der 21. Tischri, nie auf Sabbat fallen, und folglich kann der 1. Tischri, der Jahresbeginn, nie am Sonntag sein, sondern wird auf den Montag verschoben, wodurch das vorhergehende Jahr um einen Tag länger werden muß.

Am Sabbat der Sukkot-Woche wird zusätzlich zur Tora- und Prophetenlesung, und zwar bevor die Tora aus dem Schrein ausgehoben wird, ein Buch der Hagiographen, des dritten Teils der Bibel gelesen: das Buch Kohelet. Kohelet ist eine der sogenannten »fünf Rollen«; zu diesen gehören außerdem das Hohelied, das Buch Ruth, die Klagelieder und das Buch Ester. Diese fünf Bücher sind die einzigen Hagiographen, die im synagogalen Kultus verwendet werden. Falls Sukkot am Sabbat beginnt, wird Kohelet am achten Tage, am Schlußfest, gelesen.

Für Sukkot charakteristisch ist das biblische Gebot, in einer Hütte zu wohnen, einem unfesten Gebäude. Die Hütte muß so beschaffen sein, daß sie kein festes Dach besitzt; vielmehr ist sie mit Zweigen, Stroh oder Reisig gedeckt, und zwar so dicht, daß bei Sonnenschein die schattigen Stellen im Innern überwiegen, und so locker, daß nachts die Sterne hindurchschimmern. Die Laubhütte wird möglichst wohnlich ausgestattet und schön ausgeschmückt. In unseren Breiten wird das Gebot, in der Hütte zu wohnen, insofern erleichtert, als nur die Mahlzeiten in ihr eingenommen werden sollen, denn es kann in dieser Jahreszeit ja bereits recht kühl sein. Aber auch in dieser eingeschränkten Form läßt sich die Verpflichtung oftmals schwer erfüllen. Nicht nur das Klima ist hierfür ein Grund, sondern auch die Wohnverhältnisse in modernen Großstädten bieten nur selten die Voraussetzungen für den Bau einer Hütte, es sei denn, man hat einen nach oben völlig offenen Balkon, auf dem sie errichtet werden kann. Man behilft sich in der Weise, daß meist auf dem Hof der Synagoge eine Hütte gebaut wird oder daß sie dort immer steht und jedes Jahr nur frisch gedeckt und ausgeschmückt wird. Dort wird dann vormittags und abends nach dem Gottesdienst eine symbolische Mahlzeit eingenommen.

Das Schlußfest

Auch am Schlußfest (Schemini Azeret) wird die Laubhütte noch benutzt, jedoch nicht mehr der Feststrauß. Der Gottesdienst zeichnet sich besonders dadurch aus, daß nach der Tora- und Prophetenlesung eine Seelenfeier zum Gedenken der Toten stattfindet und daß der Vorbeter in das Zusatzgebet ein Gebet um Regen, ein längeres poetisches Stück, einschaltet, das in feierlicher Form rezitiert wird. Damit beginnt die Wintersaison, und von nun an wird bis zum Beginn des Pessachfestes in jede Tefilla die Erwähnung eingeschaltet, daß Gott Regen fallen läßt.

Der zweite Tag des Schlußfestes führt einen eigenen Namen: Simchat Tora, Torafreude. An ihm endet der jährliche Zyklus der Toraabschnitte, und es wird wieder von vorn begonnen; an diesem Tag werden also der Schluß und darauf der Anfang des Pentateuchs verlesen. Das Ausheben der Tora erfolgt bei dieser Gelegenheit in besonders feierlicher Form: Sämtliche vorhandenen Torarollen werden aus dem Schrank genommen und in einer

Prozession siebenmal um die Vorlesebühne bzw. durch den Synagogenraum getragen. In den meisten Berliner Synagogen war es üblich, daß der Zug durch zwei Synagogendiener angeführt wurde, jeder mit einer großen brennenden Kerze in der Hand. Den Trägern der Torarollen pflegen Kinder mit bunten Fähnchen zu folgen. Während oder nach der Zeremonie werden die Kinder mit Süßigkeiten beschenkt. In den leeren Toraschrein wird während der Umzüge häufig eine brennende Kerze gestellt. Die Umzüge finden sowohl nach dem Abendgebet als auch im Morgengottesdienst statt. In manchen Gemeinden wird bereits am Abend ein Teil des Toraabschnittes verlesen, und es werden möglichst viele Personen dazu aufgerufen, indem die einzelnen Stücke mehrmals gelesen werden. Auch Knaben, die das dreizehnte Lebensjahr noch nicht vollendet haben, pflegt man bei dieser Gelegenheit als Gruppen zur Tora zu rufen. Der Schluß des Pentateuchs, der vom Tod des Moses handelt, und der Beginn des Textes, der das Schöpfungswerk beschreibt, werden auf jeden Fall nur im Morgengottesdienst gelesen. Zu diesen Abschnitten aufgerufen zu werden gilt als eine ganz besonders hohe Ehrung für den Betreffenden. Der Anfang des Bibeltextes wird übrigens am Sabbat, der dem Torafreudenfest folgt, im Rahmen des üblichen Wochenabschnitts noch einmal gelesen, während der Schlußabschnitt des Pentateuchs kein eigentlicher Wochenabschnitt ist und nur Simchat Tora vorgetragen wird.

Chanukka

Am 25. Kislew beginnt das achttägige Tempelweihefest (Chanukka), das zu den freudigen Gedenktagen gehört, nicht zu den biblisch vorgeschriebenen Feiertagen. Es erinnert an den erfolgreichen Aufstand der Makkabäer gegen die syrische Herrschaft und die im Jahre 165 v.u.Z. erfolgte Wiedereinweihung des geschändeten Tempels in Jerusalem. Es wird überliefert, daß man in dem von den Syrern entweihten Heiligtum nur einen einzigen unversehrten Ölkrug fand, dessen Inhalt normalerweise nur für einen Tag als Brennstoff für den siebenarmigen Tempelleuchter gereicht hätte. Aber durch ein Wunder soll dieses geringe Ölquantum für acht Tage genügt haben, so daß inzwischen neues reines Öl hergestellt werden konnte.

Um dieses Wunders zu gedenken, werden sowohl in der Synagoge als auch zu Hause Lichter entzündet. Das geschieht nach Einbruch der Dunkelheit; nur am Freitagabend muß es natürlich früher erfolgen, um das sabbatliche Werkverbot nicht zu übertreten. Üblicherweise wird heute ein achtarmiger Leuchter (Menora) verwendet. Am ersten Abend wird ein Licht angezündet, am zweiten zwei Lichter, bis dann am achten Tag alle Kerzen brennen. Aufgesteckt werden die Kerzen von rechts nach links; angezündet werden sie so, daß stets das neu hinzugekommene Licht als erstes an die Reihe kommt. Da die Lichter symbolische Bedeutung haben, darf man sich ihrer nicht als Mittel zu irgendwelchen Zwecken bedienen, d.h. sie sind nicht zur Beleuchtung des Raumes bestimmt, und sie dürfen auch nicht zum Anzünden eines anderen Lichts benutzt werden. Darum ist am Chanukkaleuchter

Chanukka-Leuchter. Berlin 1912.
Gestiftet zur Einweihung der Berliner Synagoge in der Fasanenstraße am 26. August 1912.

– meist am Schaft – noch ein neunter Arm angebracht, auf dem sich eine zusätzliche Kerze befindet, der »Diener«, den man entzündet, um ihn dann zum Anzünden der Chanukkakerzen zu benutzen. Vorher werden entsprechende Segenssprüche gesagt; nach dem Anzünden singt man eine mehrstrophige Hymne.

Arbeiten ist am Chanukkafest gestattet, doch während die Kerzen brennen – sie sollen so groß sein, daß sie das mindestens dreißig Minuten lang tun –, pflegt man nicht zu arbeiten. Auch Frauen sind zum Anzünden der Chanukkalichter verpflichtet und tun dies, wenn der Familienvater nicht zugegen ist. Die Traditionsliteratur weist besonders darauf hin, daß Frauen jegliche Hausarbeit unterlassen sollen, solange die Kerzen brennen.

Vielfach vergnügt man sich während des Brennens der Lichter mit Spielen. Besonders beliebt ist ein kreiselartiger vierseitiger Würfel, der in Drehung versetzt wird. Seine vier Seiten tragen jeweils einen hebräischen Buchstaben: N, G, H. Sch. Diese Buchstaben werden als die Anfänge der hebräischen Wörter »nes gadol haja scham« (ein großes Wunder war dort) gedeutet; aber wahrscheinlicher ist es, daß es sich um Abkürzungen deutscher Wörter handelt, die sich auf die Einsätze beziehen, nämlich: nimm, gib, (oder: nichts, ganz), halb, stell ein (noch einmal den Einsatz). Als Einsatz dienen meist Nüsse, die man hinterher verzehrt.

Der synagogale Kultus weist eine auf das Fest bezügliche Einschaltung in der Tefilla auf. – Nach der Tefilla des Morgengebets sagt man Hallel, die Psalmen 113–118. Außerdem gibt es für jeden Tag einen speziellen Toraabschnitt, der verlesen wird, am Sabbat zusätzlich zum regulären Wochenabschnitt.

Am Sabbat Chanukka – bzw. am ersten Sabbat, wenn es im Verlauf des Festes zwei Sabbate gibt – wird als Prophetenlesung ein Text des Secharja gelesen, der in die Vision des von zwei Ölbäumen flankierten goldenen Leuchters mündet und mit den Worten ausklingt: »Nicht durch Macht und nicht durch Kraft, sondern durch meinen Geist, spricht der Ewige der Heerscharen.« Also nicht der militärischen Aktionen der Makkabäer gegen die syrische Fremdherrschaft gedenkt die jüdische Tradition hauptsächlich, sondern die geistige Komponente ist das Entscheidende. Und so ist auch in der talmudischen und rabbinischen Literatur Chanukka wegen des Ölwunders, nicht aber der kriegerischen Heldentaten wegen von Bedeutung.
In Mittel- und Westeuropa hat die zeitliche Nähe des Chanukkafestes zu Weihnachten dazu geführt, daß Chanukka in ähnlicher Weise wie Weihnachten zu einem Familienfest geworden ist, das auch von Personen, die der Tradition relativ fernstehen, im häuslichen Kreise gefeiert wird. Analog zu Weihnachten hat sich die Sitte der Bescherung verbreitet. So hat sich gerade dasjenige Fest den Bräuchen der Umwelt besonders angepaßt, das seinem eigentlichen Inhalt nach an den erfolgreichen Widerstand gegen die Assimilation in hellenistischer Zeit erinnert.

Die Monate Tewet und Schwat haben je einen Gedenktag aufzuweisen, der Tewet einen Trauertag, der Schwat ein freudiges Gedenken. Der 10. Tewet gilt als derjenige Tag, an dem Nebukadnezar begann, die Stadt Jerusalem zu belagern (Anfang 587 v. u. Z.). Dieses die Eroberung der Stadt und die Zerstörung des Tempels vorbereitenden Ereignisses wird in Form eines Fasttages

gedacht, dessen Ritual dem für Fasttage üblichen entspricht (vgl. die Angaben zum Fasten Gedalja). Bedingt durch das System des jüdischen Kalenders, ist der 10. Tewet der einzige Fasttag, der auf einen Freitag fallen, also unmittelbar dem Sabbat vorangehen kann; andererseits ist der 10. Tewet niemals ein Sabbat, so daß keine Verschiebung des Fastens jemals erforderlich ist.
Der 15. Schwat gilt als »Neujahr der Bäume« und ist ein freudiger Gedenktag. Um diese Zeit pflegen in Israel die Bäume zu knospen. Im synagogalen Kultus ist das Datum von geringer Bedeutung. In der Familie pflegt man möglichst viele Sorten Baumfrüchte zu essen, vornehmlich solche, die im Vorderen Orient wachsen. In Israel ist es heute Sitte, daß Kinder an diesem Tag Bäume pflanzen.

Purim

Der Monat Adar, in Schaltjahren der Adar II, ist von zweifacher Bedeutung: In ihm findet das Purimfest statt, außerdem dient er als Auftakt für das Pessachfest, das in den Nissan, den folgenden Monat, fällt.
Purim, ein freudiger Gedenktag, dessen Beobachtung nicht biblisch vorgeschrieben ist, wird am 14. Adar (bzw. Adar II) zur Erinnerung an die Errettung der Juden in Persien gefeiert, die im Buch Ester beschrieben ist. Das Esterbuch, das zu den Hagiographen, dem dritten Teil der Bibel, gehört, ist ein Roman, und die Historizität der Handlung läßt sich nicht erweisen. Weder kennen wir aus historischen Quellen einen persischen König Ahasveros, noch ist die Eheschließung eines Perserkönigs mit einer

Illustration zum Biblischen Buch Ester von Otto Geismar 1936 (Nachdruck 2002).
Hebräische Textzeile (Ester 2, 22): »Und die Sache wurde kund dem Mordechai…«
Mordechai war der wesentlich ältere Vetter der Ester.
Er veranlaßte sie, für die Rettung der Juden tätig zu werden.

Jüdin beglaubigt. Doch von der Sache her ist der Inhalt dieses Romans wahr, daß nämlich jüdische Minoritäten, deren Sitten und Gebräuche sich von denen der Umwelt unterscheiden, immer wieder Opfer von Verfolgungen geworden sind, die durch Verleumdungen ausgelöst wurden.

Das Esterbuch berichtet davon, daß der Minister Haman den Perserkönig bewog, den Befehl zu erlassen, alle Juden im persischen Reich auszurotten, daß es jedoch Ester, der jüdischen Ehefrau des Königs, durch geschickte Diplomatie gelang, den mächtigen Minister zu Fall zu bringen und zu erreichen, daß die Juden die Erlaubnis erhielten, sich gegen diejenigen zu wehren, die diesen Befehl auszuführen suchten. Auf diese Weise gelang es den Juden, über ihre Widersacher zu siegen.

Im Buch Ester wird erzählt, daß die Königin Ester, bevor sie beim König den Versuch unternahm, für die Rettung ihres Volkes aktiv zu werden und sich in dieser Angelegenheit an den König zu wenden, drei Tage lang fastete und daß alle jüdischen Bewohner der Hauptstadt Susa dasselbe taten. Zur Erinnerung daran wird der Tag vor Purim (13. Adar bzw. Adar II) als Fasttag begangen, der Fasten Ester genannt wird. Fällt dieses Datum auf einen Sabbat, so wird das Fasten verschoben. In diesem Falle muß allerdings, da ja am folgenden Tag das Purimfest stattfindet, das Fasten vorverlegt werden; als Fasttag wird dann der Donnerstag, 11. Adar begangen. Das Ritual des Fastens Ester stimmt mit demjenigen der anderen Fasttage überein.

Purim, das Losfest, hat seinen Namen daher, daß der Minister Haman den für die Ausrottung der Juden im persischen Reich geeigneten Termin durch das Los bestimmte, nämlich den 13. Adar. Nachdem nun die Juden an diesem Tag Hamans Anschlag vereitelt und ihre Feinde überwunden hatten, feierten sie ihre Rettung am folgenden Tag, dem 14. Adar. Nur in der Hauptstadt Susa gab es schwerere und länger andauernde Kämpfe, so daß man die Rettung erst am 15. Adar feiern konnte. Der 15. Adar heißt darum Schuschan-Purim, Purim von Susa, und wird noch heute in Jerusalem anstelle des 14. Adar festlich begangen.

Purim ist als freudiger Gedenktag ein Arbeitstag. Als Besonderheit des synagogalen Rituals ist vor allem zu erwähnen, daß sowohl nach dem Abendgebet als auch morgens nach der Toravorlesung das Buch Ester gelesen wird. Ester gehört zu den »fünf Rollen«, ist aber das einzige dieser Bücher, für das auch heute noch eine handgeschriebene Pergamentrolle verwendet wird. Die Pflicht, der zweimaligen Verlesung des Esterbuches beizuwohnen, sei es in der Synagoge, sei es zu Hause, gilt auch für Frauen und Kinder. Es ist üblich, daß bei der Lesung die Kinder die Erwähnung des Namens Haman durch Lärminstrumente, vornehmlich Knarren, zu übertönen suchen. – Für den Morgengottesdienst von Purim gibt es einen speziellen Toraabschnitt, jedoch findet keine Prophetenlesung statt. In die Tefilla wird – analog zu Chanukka – ein auf das Fest bezüglicher Text eingeschaltet.

Bereits im Buch Ester wird von der Festlegung berichtet, daß der Freude über die Rettung durch ein Festmahl, durch gegenseitiges Beschenken mit Speisen und durch Spenden für die Armen Ausdruck verliehen werden soll. Das Festmahl findet in der Regel am Nachmittag statt, nachdem man das Nachmittagsgebet möglichst frühzeitig verrichtet hat. Man pflegt die Mahlzeit nach Möglichkeit bis nach dem Eintritt der Dunkelheit hinzuziehen, also bis der 15. Adar (Purim von Susa) begonnen hat, weil auch der auf Purim folgende Tag, an dem die Juden der Stadt Susa ihre Rettung feierten, als Freudentag gilt. Nur wenn Purim auf einen Freitag fällt, findet die Festmahlzeit am Vormittag statt, da sie dann vor Eintritt des Sabbats beendet sein muß.

An Purim ist es erlaubt, viel zu trinken, sogar sich zu betrinken, denn im Esterbuch ist das Mahl, das man zur Erinnerung an das Ereignis einnehmen soll, als Trinkgelage bezeichnet.

Es gibt für Purim eine große Anzahl von Bräuchen, die allerdings lokal sehr verschieden sind. Verbreitet sind karnevalistische Vergnügungen, besonders die Kostümierung von Kindern, die Aufführung von dramatischen Purimspielen, die meist die Estergeschichte zu Inhalt haben, aber auch andere biblische Ereignisse behandeln. In der Gegenwart sind in unserem Raum vor allem einige kulinarische Spezialitäten üblich: die sogenannten Hamantaschen und »Kreppchen«. Die Hamantaschen sind ein dreieckiges, gefülltes Kleingebäck aus Kuchenteig; die Füllung kann aus Mohn, Früchten, Rosinen, Mandeln, süßem Weißkäse oder anderen Zutaten bestehen. Unter »Kreppchen« versteht man gefüllte Nudelteigtaschen, die entweder eine Fleischfüllung haben und mit Brühe gegessen werden oder – mit Weißkäse oder Sauerkirschen gefüllt – als Nachtisch dienen. Beide Speisen symbolisieren die Ohren des Bösewichts Haman. Solche Spezialitäten und andere, meist selbstgefertigte Leckereien werden auch Freunden und Bekannten als Geschenke übersandt bzw. überbracht.

Als die »vier ausgezeichneten Sabbate« werden je zwei Sabbate vor Purim und zwei Sabbate nach Purim bezeichnet. Es sind Sabbate, an denen – zusätzlich zu den regulären Toravorlesungen – aus einer zweiten Torarolle noch jeweils ein weiterer Abschnitt gelesen wird und die einen speziellen, nicht an den Wochenabschnitt gebundenen Prophetenabschnitt haben. Der erste dieser ausgezeichneten Sabbate fällt in die Woche vor dem Neumond des Adar (bzw. des Adar II) oder auf den Neumondstag selbst; der zweite ist der Sabbat vor Purim, so daß in den meisten Jahren zwischen diesen beiden ausgezeichneten Sabbaten ein normaler Sabbat liegt. Von den anderen beiden dieser vier Sabbate ist der eine der letzte Sabbat des Adar (bzw. des Adar II) oder der Neumondstag des Nissan, wenn dieser ein Sabbat ist; der andere geht ihm um eine Woche voraus. Daher ist es möglich, daß auch zwischen dem zweiten und dem dritten dieser ausgezeichneten Sabbate eine Unterbrechung eintritt. Jeder dieser vier Sabbate trägt einen eigenen Namen, der entweder vom Inhalt des zusätzlich gelesenen Bibeltextes oder rein formal von den Anfangsworten dieses Textes hergenommen ist.

Der erste dieser Sabbate ist der »Sabbat der Schekel« (Schabbat Schekalim). Diese Bezeichnung bezieht sich auf die Tempelsteuer in Höhe von einem halben Schekel, die jährlich im Adar – also vor dem 1. Nissan, dem Beginn des religiösen Jahres – fällig wurde und die jeder Mann von 20 Jahren an zur Erhaltung des Tempels zu zahlen hatte. Zur Zeit des Bestehens des Tempels wurde die zahlungspflichtige Bevölkerung durch Boten an diese Steuer erinnert; dieser Üblichkeit gedenkt man im Gottesdienst bis heute.

Unmittelbar vor Purim folgt dann der Sabbat »Gedenke« (Schabbat Sachor; nach dem Textanfang benannt). Er erinnert an die Feindschaft der Amalekiter gegen die Israeliten zur Zeit der Wüstenwanderung nach dem Auszug aus Ägypten. Da nach der Tradition Haman amalektitischer Herkunft war, bezieht sich dieser Sabbat sowohl auf das bevorstehende Purimfest als auch auf den Auszug aus Ägypten und damit auf Pessach.
Der dritte der ausgezeichneten Sabbate ist der »Sabbat der roten Kuh« (Schabbat Para). Er ist mit dem bevorstehenden Pessachfest verbunden: Kultisch unreine Personen durften das Pessachopfer im Jerusalemer Tempel nicht darbringen und mußten sich darum einer Reinigungszeremonie unterziehen, zu der die Asche einer rotbraunen Kuh benötigt wurde.
Als letzter dieser ausgezeichneten Sabbate folgt dann der »Sabbat des ersten Monats« (Schabbat ha-Chodesch). Der an ihm gelesene zusätzliche Bibelabschnitt weist auf den Nissan als den ersten Monat des kultischen Jahres hin und auf die Verpflichtung, das Pessachfest zu feiern.

Pessach

In den Nissan fällt das erste der drei Wallfahrtsfeste, das Pessachfest, das in der Bibel auch als Fest der Mazzot (Singular: Mazza), der ungesäuerten Brote, bezeichnet wird. Der Name Pessach (Überschreitung) stammt von dem in der Bibel gebotenen Opfer eines Lammes, das vor dem Auszug der Israeliten aus Ägypten geschlachtet und gegessen wurde. Im Bibeltext (2. Buch Mosis, 12, 27) heißt es, Gott habe, als er alle Erstgeborenen in Ägypten erschlug, die Israeliten verschont, indem er ihre Häuser überging. Daher wird dieses Fest Überschreitung genannt; auch das geopferte Lamm wird mit diesem Namen bezeichnet.
Wie alle Wallfahrtsfeste hat Pessach eine historische und eine mit der Natur verbundene Bedeutung. Historisch erinnert das Fest an den Auszug der Israeliten aus Ägypten, und noch heute wird im Gedenken an dieses Ereignis nur Ungesäuertes gegessen, weil der plötzliche Aufbruch aus Ägypten es nicht gestattete, den Brotteig vor dem Backen säuern zu lassen. In landwirtschaftlicher Hinsicht ist Pessach mit der Ernte der Wintergerste verbunden: Am zweiten Tag des Festes wurde zur Zeit der Existenz des Jerusalemer Tempels von der neuen Gerstenernte ein Omer, ein Quantum von 3,96 Litern, geopfert; erst danach durfte von diesem neuen Korn gegessen werden.
Pessach wird acht Tage lang, vom 15. bis zum 22. Nissan, begangen (im Land Israel bis zum 21. Nissan). Zu den Hauptmerkmalen dieses durch seine Vorschriften besonders eindrucksvollen Festes gehört das Verbot, Gesäuertes (hebr. Chamez) zu genießen, ja sogar es überhaupt zu besitzen. Unter Gesäuertem werden

Haggada von Mantua (1561)

alle Getreideprodukte verstanden, die in irgendeinem Stadium, selbst vor dem Mahlen, durch die Einwirkung von Fermenten, von Feuchtigkeit oder Hitze einen Gärungsprozeß durchgemacht haben. Um die Wohnung von Gesäuertem zu befreien, findet deshalb vor Pessach ein äußerst gründlicher Hausputz statt. Der Hausherr ist verpflichtet, am Vorabend des 14. Nissan – bzw. falls das ein Sabbat ist, bereits einen Tag früher – das gesamte Haus nach noch vorhandenem Gesäuertem zu durchsuchen und seinen Fund dann am Morgen zu verbrennen. Am Vormittag des 14. Nissan muß das Haus von Gesäuertem frei sein. Da nun der Hausherr nach der vorangegangenen gründlichen Reinigung schwerlich Gesäuertes finden dürfte, ist es üblich, einige Brotkrumen speziell für diese Suchaktion hinzulegen; andernfalls wäre der vor der Suche gesagte Segensspruch, der sich auf die Verpflichtung des Wegräumens des Gesäuerten bezieht, nutzlos, und das soll vermieden werden.

Da nun aber an sämtlichen Lebensmitteln Gesäuertes haften kann, weil sie möglicherweise damit in Berührung gekommen sind, müssen auch sie aus dem Hause entfernt werden. Ebenso müssen alle Küchengeräte und Bestecke durch Ausglühen oder Auskochen von jeder Spur von Gesäuertem befreit werden.

Für Pessach wird Geschirr verwendet, das nur für diese Gelegenheit bestimmt ist, während das sonst gebrauchte separiert wird.

Nimmt man die Vorschriften genau, ergibt sich eine komplette Revolution des gesamten Haushalts. Es muß gesichert werden, daß alle Nahrungsmittel, die in der Pessachzeit im Haushalt verwendet werden, weder bei ihrer Herstellung noch bei ihrer Lagerung jemals mit Gesäuertem in Berührung gekommen sind.

Während der gesamten Festzeit werden außer den Mazzot keinerlei Getreideprodukte verzehrt; auch Hülsenfrüchte und Reis sind – jedenfalls nach dem für unser Gebiet gültigen Brauch – nicht gestattet.
Der geistigen Vorbereitung auf das Pessachfest dient der unmittelbar vorangehende Sabbat, der als der »große Sabbat« bezeichnet wird. An diesem Tage, der sich auch durch eine spezielle Prophetenlesung auszeichnet, wird in die Tefilla des Morgengebets neben anderen poetischen Einschüben auch eine ausführliche Darlegung der Pessachvorschriften eingeschaltet. Auch dort, wo sonst üblicherweise nicht gepredigt wird, hält der Rabbiner einen Lehrvortrag, der sich auf das bevorstehende Fest bezieht. Im Anschluß an das Nachmittagsgebet wird der Hauptteil derjenigen Texte gelesen, die für das häusliche Mahl an den beiden ersten Festabenden bestimmt sind.

Während der synagogale Ritus im wesentlichen dem der anderen Wallfahrtsfeste entspricht, zeichnet sich dieses Fest dadurch aus, daß es für die beiden ersten Abende ein häusliches Ritual gibt, eine festliche Mahlzeit, die nach einer festen Ordnung verläuft. Nach dem hebräischen Wort für »Ordnung« wird diese Zeremonie Seder genannt. Zum Seder versammelt sich die ganze Familie; nach Möglichkeit werden auch Gäste eingeladen. Auf einer Schüssel befinden sich die zu dieser Mahlzeit erforderlichen symbolträchtigen Speisen: drei Mazzot, die jede in eine Serviette gehüllt sind oder in einer dreifächerigen Tasche liegen; ferner »Erdfrüchte«, wofür man Radieschen, Sellerie oder Petersilie verwendet; ein Gefäß mit Salzwasser; Bitterkraut, worunter Meerrettich oder Kopfsalat (oder beides) verstanden wird; ein aus geriebenen Äpfeln, Mandeln, Zimt und Wein bereitetes bräunliches Mus; ein Knochen mit etwas gebratenem Fleisch daran und ein gekochtes Ei. Der Knochen mit Fleisch dient der Erinnerung an das Pessachopfer, das Opferlamm, wenngleich es nicht üblich ist, einen Hammelknochen dafür zu verwenden; das Ei soll das Wallfahrtsopfer symbolisieren. Beides muß zum Verzehr geeignet sein, wird jedoch nicht gegessen, während die übrigen Speisen, die auf der Sederschüssel liegen, im Verlauf der Zeremonie genossen werden. Auch sie sind von symbolischer Bedeutung und werden auf die Knechtschaft der Juden in Ägypten bezogen: Das Salzwasser, in das die Erdfrüchte getaucht werden, erinnert an die vergossenen Tränen, das Bitterkraut an die bitteren Leiden, das braune Fruchtmus an den Lehm, aus dem die Israeliten Ziegel herstellen mußten; die Mazzot werden als »Brot der Armut« bezeichnet.

Die Ordnung der häuslichen Feier entspricht den Gepflogenheiten des antiken Gastmahls. Auch die symbolisch gedeuteten Speisen sind Bestandteile der antiken Mahlzeit, so daß Gewohnheiten des Altertums und Symbolik zusammengeflossen sind. Den antiken Üblichkeiten entspricht auch die Vorschrift, bei der Mahlzeit nicht zu sitzen, sondern zu liegen, was ein Vorrecht der Freien war. Diese Sitte wird beim Seder insofern beachtet, als man angelehnt sitzt und der Hausherr einen besonders bequemen, mit Kissen ausgepolsterten Sessel benutzt. Getrunken wird am Sederabend Wein, und zwar sind vier Becher pro Person vorgeschrieben. Zusätzlich zu den Trinkgefäßen für die Teilnehmer der Mahlzeit wird ein weiterer mit Wein gefüllter Becher auf den

Tisch gestellt, der für den Propheten Elia bestimmt ist, dessen Kommen erwartet wird: Elia gilt als der Vorbote des Messias. Der wesentliche Inhalt des Seder ist die Verlesung spezieller Texte, die sich auf den Auszug aus Ägypten beziehen; sie sind in der Pessach-Haggada (Haggada heißt »Erzählung«) zusammengestellt. Derjenige, der den Seder »gibt«, d.h. leitet, soll die Texte nach Möglichkeit nicht nur vortragen, sondern sie auch erklären. Die abendfüllende Zeremonie beginnt mit dem Festtagskiddusch, dann folgt der Segen über die Erdfrüchte, nach dem dann Petersilie oder Radieschen in Salzwasser getaucht und gegessen werden. Den formalen Anlaß für den Vortrag der Texte, die vom Auszug aus Ägypten erzählen sowie das Fest und dessen Ritual erklären, bilden vier Fragen, die das jüngste teilnehmende Kind stellt und die sich auf den Sinn des Zeremoniells richten.

Die Verlesung der Haggada wird durch das Abendessen unterbrochen. Der erste Teil des Seder schließt mit einem zeremoniellen Waschen der Hände, dann folgt ein Segensspruch über das Brot und einer speziell über das ungesäuerte Brot. Nach diesen beiden Segenssprüchen wird von der obersten und der mittleren Mazza je ein Stück gegessen. Von der mittleren Mazza befindet sich allerdings nur weniger als die Hälfte noch auf der Sederschüssel, weil der Hausherr den größeren Teil bereits beiseite gelegt hat. Nach dem Genuss der Mazzot wird ein Segensspruch über das Bitterkraut gesagt, das dann in das lehmartige Fruchtmus getaucht und gegessen wird. Man benutzt hier als Bitterkraut meist Kopfsalat. Schließlich wird Mazza mit Bitterkraut genossen; hierfür verwendet man Meerrettich und die unterste Mazza.

Das Abendessen soll aus mindestens zwei Gängen bestehen. Als erster Gang sind hartgekochte Eier in Salzwasser üblich. Eier werden entweder als Symbol des Lebens gedeutet oder sind auch ein Zeichen der Trauer, da man sich bei der Festfreude der Zerstörung des Tempels erinnern soll. Die Üblichkeit, Eier zu essen, läßt sich allerdings auch aus den antiken Eßgewohnheiten erklären: Die römische Mahlzeit begann mit Eiern; bei Horaz findet sich die Formulierung »ab ovo usque ad mala« (vom Ei bis zu den Äpfeln) als Umschreibung für das Menü (Satiren I, 3, Vers 6-7). Auf die Eier folgt meist ein Fleischgericht, wobei zu beachten ist, daß kein gebratenes Fleisch an diesen beiden Abenden Verwendung findet. Hammelfleisch, das bei sefardischen Juden üblich ist, wird in unserem Gebiet bei der Festmahlzeit nicht gegessen.

Den Abschluß des Abendessens bildet der symbolische Nachtisch, der Afikoman, das vorher beiseite gelegte Stück Mazza. Es hat sich der fröhliche Brauch herausgebildet, daß der Hausherr zunächst das Stück nicht finden kann, weil die an der Feier teilnehmenden Kinder sich seiner bemächtigt und es versteckt haben. Damit die Feier fortgesetzt werden kann, muß das Stück Mazza mit einem kleinen Geschenk ausgelöst werden.

Dann nimmt der Seder seinen Fortgang. Der zweite Teil, der mit dem Tischgebet beginnt, ist etwas aufgelockert und trägt der Ermüdung der Teilnehmer, besonders der Kinder, insofern Rechnung, als in ihm eine Reihe von Liedern enthalten ist, deren Refrain von allen gemeinsam gesungen wird. Das bekannteste Lied ist das vom Zicklein, das in deutscher Übertragung auch in »Des Knaben Wunderhorn« gelangt ist. Mit ihm endet der Seder, dessen Ritual an beiden Abenden im wesentlichen gleich ist.

Die beiden ersten und die beiden letzten Pessachtage sind Feiertage, während die Zwischentage als Halbfeiertage gelten. Das synagogale Ritual entspricht in seinem Aufbau dem der anderen Wallfahrtsfeste. Mit Pessach endet das Winterhalbjahr und beginnt das Sommerhalbjahr. Die Regenzeit ist im Vorderen Orient abgeschlossen, und darum entfällt die Erwähnung von Regen in der Tefilla, beginnend mit der lauten Wiederholung des Zusatzgebets durch den Vorbeter am ersten Pessachtag. An dieser Stelle wird ein umfangreiches Gebet um Tau eingeschaltet, das ein Gegenstück zum Regengebet am Schlußfest bildet; eine regelmäßige Bitte um Tau während des ganzen Sommers gibt es allerdings im hierzulande geltenden Ritus nicht. Nach der Tefilla des Morgengebets wird das Hallel (Psalm 113–118) gesagt, wie das auch an den anderen Wallfahrtsfesten geschieht. Allerdings wird Pessach das Hallel nur an den beiden ersten Tagen zur Gänze vorgetragen; an den anderen Tagen wird nur ein sogenanntes »halbes Hallel« gesagt, bei dem man die Anfänge von Psalm 115 und 116 ausläßt. Als Begründung wird angegeben, daß das Hallel ein Lob- und Dankgebet ist; da jedoch die Befreiung der Israeliten aus der ägyptischen Knechtschaft mit dem Tod so vieler Ägypter verbunden ist, wird die Freude gemindert, denn über den Tod seiner Feinde soll man sich nicht freuen.

Am Sabbat der Zwischentage wird nach dem Hallel im Morgengebet eine der »fünf Rollen« gelesen, und zwar das Hohelied. Beginnt Pessach am Sabbat oder Sonntag, dann gibt es keinen Zwischensabbat, und daher erfolgt in einem solchen Fall die Lesung des Hohenliedes am achten bzw. siebenten Pessachtage.

Am letzten Tag des Festes findet nach der Tora- und Prophetenlesung – wie an den anderen Wallfahrtsfesten – eine Seelenfeier zum Gedenken der Toten statt.

Am zweiten Tage des Pessachfestes wurde im Jerusalemer Tempel das Omer dargebracht, das Opfer der Wintergerste. Von diesem Termin zählt man sieben Wochen bis zum Wochenfest (Schawuot). Diese Zählung, für die es eine festgelegte Formulierung gibt und der ein Segensspruch vorangeht, erfolgt täglich, nachdem die Dunkelheit angebrochen ist; die erste Zählung findet am zweiten Sederabend gegen Ende der häuslichen Feier statt. Nach dem Gerstenopfer heißt die Periode dieser Zählung die Omerzeit; der neunundvierzigste Tag im Omer ist der Tag vor Schawuot.

Die Zeit der Omerzählung gilt als eine Trauerzeit, in der man Lustbarkeiten vermeidet. Im Talmud wird als Begründung darauf hingewiesen, daß in dieser Periode vierundzwanzigtausend junge Gelehrte, die Schüler des Rabbi Akiba waren, einer Seuche zum Opfer fielen. Akiba spielte eine führende Rolle beim Bar-Kochba-Aufstand zur Zeit des römischen Kaisers Hadrian. In der Liturgie der in die Omerzeit fallenden Sabbate wird in speziellen Dichtungen vor allem der jüdischen Opfer der Kreuzfahrer in den Jahren 1096 und 1146 gedacht.

Ausgenommen von der Trauer ist der 33. Tag im Omer (Lag ba-Omer, Lag ist eine Abbreviatur aus dem hebräischen Buchstaben Lamed = 30 und Gimel = 3), an dem nach der Tradition die Seuche aufhörte, die die Schüler des Rabbi Akiba befallen hatte. Darum gilt dieser Tag, der auf den 18. Ijjar fällt, als ein

Freudentag. Während an den übrigen Tagen der Omerzeit keine Ehen geschlossen werden, ist das an Lag ba-Omer gestattet, so daß sich dieser Tag durch eine Vielzahl von Hochzeiten auszeichnet.

Schawuot

Am 6. und 7. Siwan findet das Wochenfest (Schawuot) statt, das zweite in der Reihe der drei Wallfahrtsfeste. Es hat – wie die beiden anderen Wallfahrtsfeste – eine doppelte Bedeutung, eine auf die Natur bezügliche und eine historische. In der biblischen Zeit war Schawuot nur das »Fest der Erstlinge«, und es wurden an diesem Tage im Jerusalemer Tempel zwei Weizenbrote geopfert, die aus dem Mehl der neuen Ernte hergestellt waren. Auch die Erstlinge anderer landwirtschaftlicher Produkte durften erst von Schawuot an als Opfer dargebracht werden. An dieses mit dem bäuerlichen Leben verknüpfte Fest der Erstlinge erinnert noch heute der Brauch, zu Schawuot die Synagogen mit frischem Grün und mit Blumen auszuschmücken.

Von weit größerer Bedeutung ist der religiös-historische Inhalt des Wochenfestes geworden. Nach der talmudischen Überlieferung ist Schawuot die Zeit der Verkündung der Zehn Gebote am Berg Sinai, des ersten umfassend formulierten Sittengesetzes in der Geschichte der Menschheit, das sich auf eine als ewig gesetzte Norm gründet. Auf der Anerkennung dieser Gebote durch die Israeliten beruht der Bund zwischen Gott und dem Volke, das von

Gott erwählt wurde, einen besonderen Auftrag zu erfüllen: die göttlichen Gebote zu befolgen und sie in der Welt zu verbreiten. Die Erwählung Israels, die Vorstellung von der besonderen Rolle der Juden besteht in der Erfüllung dieser speziellen Aufgabe, als ein heiliges, Gott verpflichtetes Volk zu leben, stellt also eine besondere Verpflichtung dar. In diesem Sinne ist die Formulierung »auserwähltes Volk« zu verstehen, nicht aber bedeutet sie ein Vorrecht der Juden gegenüber anderen Menschen.

Der Gottesdienst des Wochenfestes unterscheidet sich im Prinzip nicht von dem der anderen Wallfahrtsfeste: Im Morgengebet wird nach der Tefilla das Hallel, die Psalmen 113–118, gesagt; am zweiten Festtag schließt sich daran die Lesung des Buches Ruth, einer der sogenannten fünf Rollen, an; nach der Tora- und Prophetenlesung des zweiten Tages findet eine Seelenfeier statt. Am ersten Tag des Festes wird aus der Tora ein Stück aus dem 2. Buch Mosis gelesen, das die Zehn Gebote enthält.
Von seinem religiösen Inhalt her ist Schawuot ein Feiertag von besonders großer Bedeutung. Demgegenüber ist besonderes Brauchtum nicht vorhanden, so daß das Ritual äußerlich weniger eindrucksvoll ist als das anderer Feste. Im Unterschied zu den anderen Wallfahrtsfesten darf man am Wochenfest essen, was man will (im Gegensatz zu Pessach) und wo man will (im Unterschied zu Sukkot). Der Genuß von Milchspeisen ist weitgehend üblich, allerdings ein Brauch, an den man sich nicht halten muß und der auch den Fleischgenuß nicht ausschließt. Das christliche Pfingstfest, das ja aus Schawuot entstanden ist, zeichnet sich in gleicher Weise durch das Fehlen besonderen Brauchtums aus.

Die Sommermonate

Mit dem Wochenfest endet die Reihe der Feiertage des Kalenderjahres. Im Monat Tammus wird der 17. als Fasttag begangen. Bereits im Bibeltext ist von einem Fasten im vierten Monat (entsprechend der Rechnung nach dem mit Nissan beginnenden Festkalender) die Rede. Hier handelt es sich allerdings wahrscheinlich um den 9. Tammus, den Tag, an dem das babylonische Heer unter Nebukadnezar die Stadtmauer von Jerusalem durchbrach (586 v. u. Z.). Die Mischna, die mündliche Lehre, berichtet, daß im Jahre 70 u. Z. die Römer die Jerusalemer Stadtmauer am 17. Tammus durchbrochen hätten, und nennt noch vier andere traurige Ereignisse, die am 17. Tammus stattfanden. Die Durchbrechung der Mauern Jerusalems ist dasjenige Ereignis, dessen man sich am Fasttag des 17. Tammus erinnert, und es werden hier beide Eroberungen zusammengefaßt, diejenige des Jahres 70 u. Z. und die des Jahres 586 v. u. Z. Das Ritual des 17. Tammus ist das für Fasttage übliche (vgl. Fasten Gedalja). Wenn der 17. Tammus auf einen Sabbat fällt, wird das Fasten auf den Sonntag verschoben.

Mit dem 17. Tammus beginnt eine dreiwöchige Trauerzeit, die sich bis zu dem Tag erstreckt, an dem man der Zerstörung des Jerusalemer Tempels gedenkt, dem 9. Aw. »Die drei Wochen« sind ein fester Begriff für diesen Zeitraum, während dessen man sich zweier nationaler Katastrophen erinnert. Für den synagogalen Kultus gibt es besondere Melodien in Moll; Hochzeiten dürfen während der drei Wochen nicht stattfinden. Es ist auch untersagt, die Haare zu schneiden. Man legt weder neue Kleider an, noch genießt man neue Früchte, d. h. solche, die man in diesem

Jahr noch nicht gegessen hat. In den »neun Tagen«, vom 1. Aw an, wird der Trauer noch stärker Ausdruck verliehen. Man vermeidet alle Lustbarkeiten und genießt – abgesehen vom Sabbat – kein Fleisch und keinen Wein; man badet nicht, und außer am Sabbat wechselt man auch nicht die Leib- und Tischwäsche.

Der 9. Aw ist derjenige Tag, an dem der Tempel zerstört wurde, und zwar sowohl der erste durch Nebukadnezar als auch der zweite durch Titus. Als Zeichen besonders tiefer Trauer sind die Vorschriften für diesen Tag strenger als für die anderen Fasttage. Sie entsprechen denjenigen des Versöhnungstages: Man enthält sich des Essens bereits von der Abenddämmerung an, und auch das Waschen, Salben und das Anziehen von Lederschuhen ist untersagt. Verboten ist auch das Studium der Tora, abgesehen von den Klageliedern, dem Buch Hiob und denjenigen Teilen des Buches Jeremia, die Berichte über den Untergang des jüdischen Staates und Strafandrohungen enthalten. In mancher Hinsicht gehen die Vorschriften für den 9. Aw sogar über diejenigen für den Versöhnungstag hinaus: So darf die Mahlzeit, die man vor dem Beginn des Fastens, am 8. Aw vor dem Eintritt der Abenddämmerung, einnimmt, nur aus einem einzigen Gericht bestehen. Vielfach wird nur Brot und ein hartes Ei gegessen, und man sitzt dabei auf der Erde oder auf einem niedrigen Hocker. Am 9. Aw pflegt man bis zur Mittagszeit nicht auf einem Stuhl zu sitzen, sondern auf dem Fußboden oder auf einem Schemel, und man grüßt auch einander nicht. In dieser Hinsicht entsprechen die Vorschriften dieses Trauertages denen, die für die siebentägige Trauerwoche nach dem Tode eines nahen Verwandten gelten.

Was den synagogalen Kultus angeht, so ist es für den Gottesdienst am 9. Aw charakteristisch, daß die Synagoge jeglichen Schmukkes beraubt ist und einem Trauerhaus gleicht. Die Beleuchtung ist spärlich; es herrscht ein Halbdunkel. Der Vorhang vor dem Schrank, in dem die Torarollen aufbewahrt werden, ist entfernt, so daß der Raum völlig kahl wirkt. Nach dem Abendgebet setzt sich der Vorbeter auf die Stufen, die zum Toraschrank führen, und trägt das biblische Buch der Klagelieder vor; daran schließen sich noch einige elegische Poeme.
Für den Morgengottesdienst ist besonders charakteristisch, daß weder der Tallit noch die Tefillin angelegt werden, da sie als Schmuck gelten. Es gibt für den 9. Aw einen speziellen Toraabschnitt, der gelesen wird, ebenso einen Prophetentext. Im Anschluß daran werden wieder Elegien vorgetragen, und zwar ist es weitgehend üblich, daß diese Aufgabe nicht vom Vorbeter übernommen wird, sondern daß die am Gottesdienst Teilnehmenden jeweils einzelne Dichtungen rezitieren. Die vorwiegend aus dem Mittelalter stammenden Texte beziehen sich nicht nur auf die Tempelzerstörung, sondern viele Verfolgungen der Juden im Verlauf der Geschichte boten den Anlaß, Trauergedichte zu verfassen. Die große Zahl der Elegien für den 9. Aw ist in einem besonderen Gebetbuch gesammelt. Beim letzten dieser Trauergesänge, die der Vorbeter vorträgt, während die Gemeinde jede Strophe wiederholt, erhebt man sich vom Boden.
Am Nachmittag ist die Trauer insofern bereits gemildert, als das normale Sitzen auf einem Stuhl gestattet ist. Zum Nachmittagsgebet werden Tallit und Tefillin angelegt. Es findet eine Toravorlesung statt, und zwar die für Fasttage allgemein übliche. Der

9. Aw ist der einzige Tag des Jahres, an dem das Nachmittagsgebet mit Tefillin verrichtet wird. – Fällt der 9. Aw auf Sabbat, wird der Fasttag auf den 10. Aw verschoben. Die auf den 9. Aw folgenden sieben Sabbate werden als »Sabbate des Trostes« bezeichnet, weil an ihnen Prophetenabschnitte tröstlichen Inhalts zur Vorlesung gelangen. Der letzte Monat des Kalenderjahres, der Monat Elul, stellt keinen Abschluß dar, sondern ist ganz auf die Hohen Feiertage des Monats Tischri bezogen. Die Zeit vom Anfang des Elul bis zum Ausgang des Versöhnungstages gilt als die Zeit der Selbstbesinnung und der Buße. Im Elul soll man sich der Umkehr, des Gebets und der Wohltätigkeit befleißigen, damit Gott dem Menschen seine bösen Taten verzeiht. Um den Menschen aufzurütteln und zu erschüttern, wird den ganzen Elul hindurch nach der werktäglichen Morgenandacht Schofar geblasen. Nur am letzten Tage des Monats bläst man nicht, um das Schofarblasen an den Neujahrstagen, das biblisch vorgeschrieben ist, deutlich von dem Blasen im Elul abzuheben, das nur ein Brauch ist. Vom Sonntag der Woche an, in der das neue Jahr beginnt, werden vor dem werktäglichen Morgengebet poetische Bußgebete gesagt, so daß der Gottesdienst an diesen Tagen besonders früh anzufangen pflegt. Fällt allerdings der Neujahrstag auf einen Montag oder Dienstag, wird mit diesen Zusätzen bereits eine Woche früher begonnen. Der letzte Tag des Monats Elul zeichnet sich durch eine besonders große Zahl solcher Dichtungen aus. Von den Anfangsworten eines dieser Bußgebete hat dieser dem neuen Jahr vorangehende Tag einen besonderen Namen erhalten: Gedenke des Bundes. Ihm folgt dann der Tag des Jahresbeginns, Rosch ha-Schana, der »Tag der Erinnerung«.

Abbildungsnachweis

Umschlagseite vorn sowie Abbildungen S. 6, 20, 38 Stiftung »Neue Synagoge Berlin – Centrum Judaicum«; S. 14, 42: Stiftung »Neue Synagoge Berlin – Centrum Judaicum« (Foto: Margit Billeb); S. 29 und 49 Repros aus Sammlung Hermann Simon (Kol Nidre = Titelbild des Berliner Gemeindeblattes 6. Oktober 1935; Haggada von Mantua aus: Chad Gadja: Das Pessachbuch, herausgegeben von Hugo Herrmann, Berlin 1914, S. 28).
Alle Schmuckvignetten stammen von E. M. Lilien und sind dem Band »Lieder des Ghetto« (1. Auflage 1903) entnommen.

Heinrich Simon

Geboren 1921 in Berlin. Mütterlicherseits ist die Familie seit 1671 in Berlin, väterlicherseits seit 1814 in Crossen a. d. Oder nachweisbar.
Abitur 1939 in Berlin. Emigration in das damalige Palästina nach Kriegsbeginn im Dezember 1939. Studium an der Hebräischen Universität Jerusalem. 1941 bis 1946 Soldat in einer jüdischen Einheit der Britischen Armee. Rückkehr nach Berlin 1947. Studium an der Humboldt-Universität. Promotion 1951 in Philosophie und Soziologie mit einer Arbeit zur griechischen Philosophie. Nach einer wissenschaftlichen Aspirantur 1956 Habilitation mit einer Studie zur arabischen Philosophie des Mittelalters. Ab 1957 Hochschuldozent dann Professor für Philosophiegeschichte, Hebraistik und Arabistik in Berlin. Emeritiert 1986.

Reihe jüdische Miniaturen

LEBENSBILDER · KUNST · ARCHITEKTUR
Herausgegeben von Hermann Simon

Hermann Simon — **Band 1**
Moses Mendelssohn — ISBN 3-933471-45-1
Gesetzestreuer Jude und deutscher Aufklärer

Christian Schölzel — **Band 2**
Walther Rathenau — ISBN 3-933471-44-3
Industrieller · Schriftsteller · Politiker

Elisa Klapheck — **Band 4**
Regina Jonas — ISBN 3-933471-48-6
Die weltweit erste Rabbinerin

Michael Hanisch — **Band 5**
Ernst Lubitsch — ISBN 3-933471-54-0
Von der Berliner Schönhauser Allee nach Hollywood

Julius H. Schoeps — **Band 6**
Theodor Herzl — ISBN 3-933471-55-9
Die Utopie des Judenstaates

Heinrich Simon — **Band 7**
Jüdische Feiertage — ISBN 3-933471-56-7
Festtage im jüdischen Kalender

Weitere Neuerscheinungen in Vorbereitung

Chana Schütz — **Band 3**
Max Liebermann — ISBN 3-933471-47-8
Impressionistischer Maler · Gründer der Berliner Secession

Joanna Obruśnik — ISBN 3-933471-57-5
Jurek Becker
Geborener Jude · Selbsternannter Atheist · Deutscher Schriftsteller

---

Ralf Dose — ISBN 3-933471-58-3
Magnus Hirschfeld
»Deutscher – Jude – Weltbürger«

Walter Nowojski — ISBN 3-933471-59-1
Victor Klemperer
Vom Romanisten zum Chronisten der Vorhölle

Elvira Groezinger — ISBN 3-933471-61-3
Glückel von Hameln
Kauffrau, Mutter und erste jüdisch-deutsche Autorin